**Zébédée Ruramira**

**Les activités armées du Rwanda en Republique Démocratique du Congo**

AF144339

Zébédée Ruramira

# Les activités armées du Rwanda en Republique Démocratique du Congo

## L'incompétence de la cour internationale de justice

Éditions universitaires européennes

**Impressum / Mentions légales**

Bibliografische Information der Deutschen Nationalbibliothek: Die Deutsche Nationalbibliothek verzeichnet diese Publikation in der Deutschen Nationalbibliografie; detaillierte bibliografische Daten sind im Internet über http://dnb.d-nb.de abrufbar.

Information bibliographique publiée par la Deutsche Nationalbibliothek: La Deutsche Nationalbibliothek inscrit cette publication à la Deutsche Nationalbibliografie; des données bibliographiques détaillées sont disponibles sur internet à l'adresse http://dnb.d-nb.de.

Coverbild / Photo de couverture: www.ingimage.com

Verlag / Editeur:
Éditions universitaires européennes
ist ein Imprint der / est une marque déposée de
OmniScriptum GmbH & Co. KG
Bahnhofstraße 28, 66111 Saarbrücken, Deutschland / Allemagne
Email: info@editions-ue.com

Herstellung: siehe letzte Seite /
Impression: voir la dernière page
**ISBN: 978-613-1-58888-4**

## DEDICACE

A mes chers mère et père

A ma chère épouse et à nos enfants bien-aimés

A mes sœurs et frères

A vous tous qui m'êtes proches

En reconnaissance de tous vos sacrifices consentis et vos encouragements, aucun mot ne pourrait bien exprimer ma sincère gratitude

Je dédie ce travail.

## L'INTRODUCTION

Le Rwanda s'est engagé dans le conflit armé contre la République Démocratique du Congo parce que, selon lui, des groupes rebelles y opéraient, particulièrement la milice Interahamwe, se composant des membres du pouvoir rwandais qui avait organisé et exécuté le génocide en 1994. « Cette milice ayant recruté jusqu'à 40 000 hommes et se battant sur la ligne de front de la guerre, mène, jusqu'à l'intérieur du Rwanda, des opérations de guérilla à partir de la région orientale du Congo[1]» avaient indiqué certaines sources.

A cet effet, « le Rwanda, arguant d'un droit de poursuite d'éléments des anciennes forces armées rwandaises...[2]» dans le but de les neutraliser a décidé de mener des opérations militaires en République Démocratique du Congo.

Sans pouvoir interroger le droit international s'il y a eu ou non agression de la part de l'une ou l'autre des parties au conflit pouvant justifier un quelconque droit naturel à la légitime défense, de la nature internationale ou non du conflit, nous nous limiterons à l'analyse de la position de la Cour internationale de justice face aux requêtes de la République Démocratique du Congo contre le Rwanda.

L'affaire des activités armées sur le territoire du Congo devant la Cour internationale de justice introduite par la République Démocratique du Congo contre le Rwanda s'est déroulée en deux étapes correspondant à deux requêtes dont les faits, la procédure et les arguments seront successivement présentés.

---

[1] Chris Talbot, Rôle offensif du Rwanda dans la guerre au Congo, 23 décembre 2000, www.wsws.org, consulté le 12 février 2006.
[2] Emmanuël Murhula A. Nashi, Médias et diplomatie : la guerre du Congo dans le journal, La Revue Nouvelle, n° 9, tome 117, sept. 2003, pp. 96-109.

La première requête introductive d'instance a conduit au désistement de la République Démocratique du Congo et, par conséquent, à la radiation de l'affaire sur le rôle (**I**) et la seconde a abouti au défaut de compétence de la Cour pour connaître de cette requête (**II**).

## I. LA PREMIERE REQUETE : LE DESISTEMENT DE LA REPUBLIQUE DEMOCRATIQUE DU CONGO

Avant d'indiquer la décision prise par la Cour, il sied bien d'énoncer quel était le contenu de la requête.

## I.1. LE CONTENU DE LA REQUETE

La requête introductive d'instance contient un bref exposé des faits, précise la base de compétence sur laquelle la République Démocratique du Congo fonde sa requête et détermine les griefs juridiques.

### I.1.1. Bref exposé des faits

Dans une lettre adressée au greffier de la Cour[3], la République Démocratique du Congo soutenait qu'«en raison des actes d'agression armée perpétrés par le Rwanda sur le territoire de la République démocratique du Congo en violation flagrante de la Charte des Nations Unies et de la Charte de l'Organisation de l'unité africaine[4]», la République du Rwanda a violé sa souveraineté et son intégrité territoriale et qu'il s'est rendu responsable des violations du droit international.

En fait, « l'agression est l'emploi de la force armée par un Etat contre la souveraineté, l'intégrité territoriale ou l'indépendance politique d'un autre Etat, ou de toute autre manière incompatible avec la Charte des Nations Unies[5]».

---

[3] La requête introductive d'instance a été enregistrée au Greffe de la Cour le 23 juin 1999.
[4] La lettre du Vice-ministre des affaires étrangères de la République Démocratique du Congo au Greffier de la Cour Internationale de Justice, Kinshasa, le 8 juin 1999.
[5] Article premier de la Résolution 3314 de l'Assemblée Générale des Nations Unies du 14 décembre 1974 portant définition de l'agression.

Il existe une présomption selon laquelle « l'emploi de la force armée en violation de la Charte par un Etat agissant le premier constitue la preuve suffisante à première vue d'un acte d'agression, bien que le Conseil de sécurité puisse conclure, conformément à la Charte, qu'établir qu'un acte d'agression a été commis ne serait pas justifié compte tenu d'autres circonstances pertinentes, y compris le fait que les actes en cause ou leurs conséquences ne sont pas d'une gravité suffisante[6]».

Par cette requête, la République démocratique du Congo a demandé à la Cour qu'il soit mis fin au plus tôt à cette agression et qu'en conséquence, elle entend obtenir une réparation pour les dommages subis de ce fait.

En effet, la notion de responsabilité « ne s'entend pas comme une nouvelle obligation à charge de l'Etat défaillant mais plus largement comme l'ensemble des nouvelles relations juridiques qui s'établissent entre lui et les autres Etats intéressés au respect de la légalité[7]».

L'illicéité internationale découle d'une violation du droit international ; c'est-à-dire « soit dans la violation d'une obligation conventionnelle, soit dans la violation d'une obligation coutumière, soit encore dans une abstention condamnable[8]».

Le fait internationalement illicite s'entend comme « une atteinte à la sécurité des rapports juridiques[9]» entre sujets du droit international.

Les faits soulevés par la République Démocratique du Congo trouvent leur origine aux dates du 2 et du 3 août 1998[10] lors que les troupes rwandaises ont investi les villes de Goma et de Bukavu. Dans le même temps, à

---

[6] Article 2 de la même résolution.
[7] Jean Combacau et Serge Sur ; Droit international public, 4è éd., Montchrestien, Paris, 1999, p. 518.
[8] Dominique Carreau ; Droit international, 2è éd., Ed. A. Pedone, Paris, 1988, p. 405.
[9] Patrick Dailler et Alain Pellet, Droit international public, 7è éd., L.G.D.J., Paris, 2002, p. 796.
[10] Il est à noter que la RD Congo n'invoque pas les faits relatifs au conflit armé de 1996. Les raisons sont souveraines à l'Etat.

Kinshasa, un millier de soldats rwandais qui s'étaient soustraits à l'opération de rapatriement décrétée par le Gouvernement congolais, appuyés par des éléments dits Banyamulenge, ont pris d'assaut les camps militaires Tshatshi et Kokolo.

Le mardi 4 août 1998, trois avions Boeing des compagnies congolaises (Congo Airlines, Lignes aériennes congolaises et Blues Airlines) ont été détournés au départ de Goma (Nord-Kivu) pour atterrir à la base militaire de Kitona (Bas-Congo) avec six cents à huit cents militaires rwandais[11].

Parmi les buts cités par cette requête, on peut citer notamment celle de s'emparer de Kinshasa par le Bas-Congo, pour renverser le gouvernement de salut public et assassiner le président Laurent Désiré Kabila, en vue d'y installer un régime tutsi ou d'obédience tutsi[12].

Corrélativement à ces faits, la République Démocratique du Congo invoquait à l'égard de la République du Rwanda les massacres humains, les viols, les tentatives d'enlèvements et d'assassinats contre les activités des droits de l'homme, les arrestations, détentions arbitraires, traitements inhumains et dégradants, les pillages systématiques des institutions publiques et privées, des expropriations des biens de la population civile et les violations des droits de l'homme commises par les troupes d'invasion rwandaises et leurs alliés «rebelles » dans les grandes cités de la Province orientale.

## I.1.2. La base de compétence de la Cour

La République démocratique du Congo a invoqué plusieurs bases de compétence de la Cour. A titre indicatif, elle appuyait ses arguments au fait

---

[11] Selon l'annexe de la lettre du Vice-ministre, M. James Kabarehe (reproduction de la lettre), agent ayant agi pour le compte du Gouvernement rwandais, était l'instigateur principal de cette opération.
[12] La même lettre.

que l'ex-Zaïre a reconnu la compétence de la Cour conformément à l'article 36, paragraphe 2, du Statut de la Cour internationale de Justice[13]. Cette déclaration reconnaît comme obligatoire de plein droit et sans convention spéciale, à l'égard de tout autre Etat acceptant la même obligation, la juridiction de la Cour internationale de Justice pour tous les différends d'ordre juridique dont elle définit l'objet.

La République Démocratique du Congo a fait remarquer que le Gouvernement rwandais, pour sa part, s'est abstenu de toute déclaration acceptant la compétence de la Cour. Elle invoquait l'application du Règlement de la Cour[14] qui permet à l'Etat contre lequel la requête est formée d'accepter la compétence de la Cour aux fins de l'affaire.

Elle alléguait en outre qu'au surplus, la Cour est en tout état de cause compétente à l'égard du Rwanda sur base de l'article 36, paragraphe 1, du Statut de la Cour[15].

## I.1.3. Les griefs et la décision demandée par la République démocratique du Congo

La République Démocratique du Congo soutenait qu'elle a été victime d'une agression, violation prévue par l'article 2, paragraphe 4, de la Charte

---

[13] L'article 36, paragraphe 2, du Statut de la Cour internationale de Justice dispose que « les Etats parties au présent Statut pourront, à n'importe quel moment, déclarer reconnaître comme obligatoire de plein droit et sans convention spéciale, à l'égard de tout autre Etat acceptant la même obligation, la juridiction de la Cour sur tous les différends d'ordre juridique... ».

[14] L'article 38, paragraphe 5, du Règlement de la Cour, adopté le 14 avril 1978 et entré en vigueur le 1er juillet 1978, dispose que « lorsque le demandeur entend fonder la compétence de la Cour sur un consentement non encore donné ou manifesté par l'Etat contre lequel la requête est formée, la requête est transmise à cet Etat. Toutefois, elle n'est pas inscrite au rôle général de la Cour et aucun acte de procédure n'est effectué tant que l'Etat contre lequel la requête est formée n'a pas accepté la compétence de la Cour aux fins de l'affaire ».

[15] L'article dispose que « la compétence de la Cour s'étend à toutes les affaires que les parties lui soumettront, ainsi qu'à tous les cas spécialement prévus dans la Charte des Nations Unies ou dans les traités et conventions en vigueur ».

des Nations Unies[16] et définie par la Résolution 3314 de l'Assemblée générale des Nations Unies du 14 décembre 1974[17].

La République Démocratique du Congo a également invoqué à titre indicatif la violation de l'article 3 de la Charte de l'Organisation de l'Unité Africaine (l'actuelle Union Africaine)[18], des règles énoncées dans la Déclaration universelle des droits de l'homme[19] et du pacte international relatif aux droits civils et politiques de 1966 et Violation des conventions de Genève de 1949 et des protocoles additionnels de 1977[20].

A cet effet, la République Démocratique du Congo a prié, entre autres, la Cour de dire et juger que:

*a)* le Rwanda s'est rendu coupable d'un acte d'agression au sens de l'article 1 de la résolution 3314 de l'Assemblée générale des Nations Unies du 14 décembre 1974 et de la jurisprudence de la Cour internationale de Justice, en violation de l'article 2, paragraphe 4, de la Charte des Nations Unies ;

---

[16] Les Membres de l'Organisation s'abstiennent, dans leurs relations internationales, de recourir à la menace ou à l'emploi de la force, soit contre l'intégrité territoriale ou l'indépendance politique de tout Etat, soit de toute autre manière incompatible avec les buts des Nations Unies.

[17] L'agression est l'emploi de la force armée par un Etat contre la souveraineté, l'intégrité territoriale ou l'indépendance politique d'un autre Etat, ou de toute autre manière incompatible avec la Charte des Nations Unies, ainsi qu'il ressort de la présente définition.

[18] L'article 3 de la Charte de l'Organisation de l'Unité Africaine (l'actuelle Union Africaine) dispose que « *Les Etats Membres, pour atteindre les objectifs énoncés à l'Article II, affirment solennellement les principes suivants :*
*Egalité souveraine de tous les Etats membres; Non-ingérence dans les affaires intérieures des Etats; Respect de la souveraineté et de l'intégrité territoriale de chaque Etat et de son droit inaliénable à une existence indépendante; Règlement pacifique des différents, par voie de négociations, de médiation, de conciliation ou d'arbitrage; Condamnation sans réserve de l'assassinat politique ainsi que des activités subversives exercées par des Etats voisins ou tous autres Etats...* ».

[19] Ses règles ne sont pas contraignantes même si elles ont une autorité morale.

[20] Convention (I) de Genève pour l'amélioration du sort des blessés et des malades dans les forces armées en campagne, 12 août 1949, la convention (II) de Genève pour l'amélioration du sort des blessés, des malades et des naufrages des forces armées sur mer, 12 août 1949, la convention (III) de Genève relative au traitement des prisonniers de guerre, 12 août 1949, la convention (IV) de Genève relative a la protection des personnes civiles en temps de guerre, 12 août 1949 et le protocole additionnel aux conventions de Genève du 12 août 1949 relatif a la protection des victimes des conflits armes internationaux (protocole I), 8 juin 1977.

b) de même, le Rwanda viole continuellement les conventions de Genève de 1949 et leurs protocoles additionnels de 1977, bafouant ainsi les règles élémentaires du droit international humanitaire dans les zones de conflits, se rendant également coupable de violations massives des droits de l'homme au mépris du droit coutumier le plus élémentaire ;

En conséquence, et conformément aux obligations juridiques internationales susmentionnées, dire et juger que :

1) toute force armée rwandaise participant à l'agression doit quitter sans délai le territoire de la République démocratique du Congo ;

2) le Rwanda a l'obligation de faire en sorte que ses ressortissants, tant personnes physiques que morales, se retirent immédiatement et sans condition du territoire congolais[21] ;

3) la République démocratique du Congo a droit à obtenir du Rwanda le dédommagement de tous les pillages, destructions, déportations de biens et des personnes et autres méfaits qui sont imputables au Rwanda et pour lesquels la République Démocratique du Congo se réserve le droit de fixer ultérieurement une évaluation précise des préjudices, outre la restitution des biens emportés.

## I.2. LA RADIATION DE L'AFFAIRE SUR LE ROLE

Aux termes du Règlement de la Cour « si, à un moment quelconque avant l'arrêt définitif sur le fond, les parties, conjointement ou séparément, notifient à la Cour par écrit qu'elles sont convenues de se désister de

---

[21] A quelles personnes physiques (sûrement pas les militaires visés dans le point précédent) ou morales la requête fait référence ?

l'instance, la Cour rend une ordonnance prenant acte du désistement et prescrivant que l'affaire soit rayée du rôle[22]».

En effet, par lettre du 15 janvier 2001, la République Démocratique du Congo a fait savoir à la Cour qu'il entendait se désister de son instance.

La copie de cette lettre a été adressée au Gouvernement du Rwanda et il a été informé que le président de la Cour avait fixé au 23 janvier 2001 la date d'expiration du délai dans lequel le Rwanda pourrait déclarer s'il s'opposait au désistement[23]. Par une lettre du 22 janvier 2001 le Rwanda a informé la Cour qu'il acceptait le désistement et ce, conformément au Règlement de la Cour qui dispose que « si, à la date de la réception du désistement, le défendeur a déjà fait acte de procédure, la Cour fixe un délai dans lequel il peut déclarer s'il s'oppose au désistement. Si, dans le délai fixé, il n'est pas fait objection au désistement, celui-ci est réputé acquis et la Cour rend une ordonnance en prenant acte et prescrivant la radiation de l'affaire sur le rôle. S'il est fait objection, l'instance se poursuit[24]».

La Cour internationale de justice a annoncé le 1er février 2001 que l'affaire que la République démocratique du Congo avait portée le 23 juin 1999 devant elle contre le Rwanda a été rayée du rôle de la Cour à la demande de la RDC. « Considérant que, par lettre du 15 janvier 2001, reçue au Greffe par télécopie le même jour, l'agent de la République démocratique du Congo, se référant au paragraphe 2 de l'article 89 du Règlement, a fait

---

[22] L'article 88, paragraphe 1, du Règlement de la Cour internationale de justice, précité.
[23] L'article 89, paragraphe 2, du Règlement de la Cour internationale de justice précité prévoit que « *si, à la date de la réception du désistement, le défendeur a déjà fait acte de procédure, la Cour fixe un délai dans lequel il peut déclarer s'il s'oppose au désistement. Si, dans le délai fixé, il n'est pas fait objection au désistement, celui-ci est réputé acquis et la Cour rend une ordonnance en prenant acte et prescrivant la radiation de l'affaire sur le rôle. S'il en fait objection, l'instance se poursuit* ». Or, la Cour, compte tenu de l'accord intervenu entre les Parties, avait décidé que les pièces de la procédure écrite porteraient d'abord sur la question de la compétence de la Cour et de la recevabilité de la requête, et avait fixé des délais pour le dépôt de ces pièces. Le Rwanda avaient déposé leurs mémoires dans les délais fixés à cet effet.
[24] L'article 89, paragraphe 2, du Règlement de la Cour internationale de justice, précité.

savoir à la Cour que le Gouvernement de la République démocratique du Congo souhaitait se désister de l'instance et a précisé que «celui-ci se réserv[ait] la possibilité de faire valoir ultérieurement de nouveaux chefs de compétence de la Cour[25]», par ordonnance du 30 janvier 2001, le président de la Cour a rendu dans *l'affaire des activités armées sur le territoire du Congo (République démocratique du Congo c. Rwanda)* une ordonnance prenant acte du désistement de l'instance et ordonnant que l'affaire soit rayée du rôle.

---

[25] Affaire des activités armées sur le territoire du Congo (République démocratique du Congo c. Rwanda), Ordonnance du 30 janvier 2001, C.I.J., Recueil 2001, p. 1.

## II. LA NOUVELLE REQUETE : LE DEFAUT DE COMPETENCE POUR CONNAITRE DE LA REQUETE

Après qu'elle s'est désistée de son instance et que, par conséquent, la Cour ait rayé du rôle la requête, la République Démocratique du Congo a introduit à la Cour une nouvelle requête.

Avant de parler des arguments de l'une et l'autre partie à l'affaire et de la décision de la Cour au fond, il convient de retracer d'abord le cadre historique de la procédure.

## II.1. L'HISTORIQUE DE LA PROCEDURE

La procédure devant la Cour se résume en un bref exposé des faits et l'indication des bases sur lesquelles la République Démocratique du Congo entend fonder sa compétence. Avant de se prononcer au fond de l'affaire, la République Démocratique du Congo avait demandé à la Cour d'ordonner des mesures conservatoires.

### II.1. 1. L'exposé des faits et les bases de compétence

La République Démocratique du Congo a allégué que « le Rwanda déclenche, le 2 août 1998, sa guerre d'agression contre la République démocratique du Congo[26] ». En conséquence, en date du 28 mai 2002, le Gouvernement de la République Démocratique du Congo a déposé au Greffe de la Cour une requête introductive d'instance contre la République du Rwanda au sujet d'un différend relatif à des «violations massives, graves et flagrantes des droits de l'homme et du droit international humanitaire, au mépris de la Charte internationale des droits de l'homme,

---

[26] Affaire des activités armées sur le territoire de la République démocratique du Congo (nouvelle requête 2002) (République démocratique du Congo contre Rwanda), contre-mémoire de la République démocratique du Congo, C.I.J., mai 2003, p. 1, paragraphe 5.

d'autres instruments internationaux pertinents et résolutions impératives du Conseil de sécurité de l'ONU. Selon la requête introductive d'instance, ces atteintes graves et flagrantes découlent des actes d'agression armée perpétrés par le Rwanda sur le territoire de la République démocratique du Congo en violation flagrante de la souveraineté et de l'intégrité territoriale de la République démocratique du Congo garantie par les Chartes des Nations Unies et de l'Organisation de l'unité africaine[27]».

La République Démocratique du Congo a invoqué notamment contre le Rwanda des massacres humains, des viols et violences sexuelles faites aux femmes, des assassinats et enlèvements des acteurs politiques et activistes des droits de l'homme, des pillages, des violations des droits de l'homme.

En fait, la responsabilité internationale trouve son origine dans un fait international illicite. Celui-ci «est le fondement et l'élément premier de la responsabilité, celui auquel se rattachent tous les autres : imputation du fait illicite, préjudice, réparation et éventuellement punition[28]».

Pour fonder la compétence de la Cour, la République Démocratique du Congo se réfère à plusieurs bases juridiques. Elle invoque à cet effet le Statut de la Cour internationale de justice, la convention internationale sur l'élimination de toutes les formes de discrimination raciale du 21 décembre 1965, la convention sur l'élimination de toutes les formes de discrimination à l'égard des femmes du 18 décembre 1979, la convention pour la prévention et la répression du crime de génocide, du 9 décembre 1948, la Constitution de l'Organisation mondiale de la Santé du 22 juillet 1946, la convention créant l'Organisation des Nations Unies pour l'éducation, la science et la culture du 16 novembre 1945, la convention sur les privilèges

---

[27] Requête introductive d'instance à la Cour internationale de justice de La Haye contre la République du Rwanda, La Haye, 28 mai 2002, p.1.
[28] Paul Reuter, Droit international public, 1ère éd., PUF, Paris, 1958, pp. 245-246.

et immunités des institutions spécialisées du 21 novembre 1947, la convention contre la torture et autres peines ou traitements cruels, inhumains ou dégradants du 10 décembre 1984 et la convention de Montréal pour la répression d'actes illicites dirigés contre la sécurité de l'aviation civile, du 23 septembre 1971.

La République Démocratique du Congo a donné également l'argument de la violation du « jus cogens » en tant que norme impérative[29].

En conséquence aux faits exposés, la République Démocratique du Congo demande à la Cour de dire et de juger que toute force armée rwandaise à la base de l'agression doit quitter sans délai son territoire et qu'elle a droit à obtenir du Rwanda le dédommagement de tous méfaits qui lui sont imputables.

### II.1. 2. La demande en indication des mesures conservatoires

La date de l'introduction de la requête, le 28 mai 2002, la République Démocratique du Congo a présenté une demande en indication de mesures conservatoires, mesures provisoires tendant à sauvegarder les droits des parties avant que la Cour se prononce au fond de l'affaire. Au cours des audiences tenues à cette demande le Rwanda a prié la Cour de rayer l'affaire du rôle au motif pris de ce que la Cour était manifestement incompétente pour en connaître. Par ordonnance du 10 juillet 2002, la Cour a considéré qu'elle ne disposait pas de la compétence prima facie nécessaire pour ordonner des mesures conservatoires demandées par la République Démocratique du Congo mais elle a également rejeté la demande du Rwanda tendant à la radiation de l'affaire du rôle.

---

[29] Aux termes de l'article 53 de la convention de Vienne sur le droit des traités du 23 mai 1969, une norme impérative du droit international général est une norme acceptée et reconnue par la communauté internationale des Etats dans son ensemble en tant que norme à laquelle aucune dérogation n'est permise et qui ne peut être modifiée que par une nouvelle norme du droit international général ayant le même caractère.

## II.2. L'OBJET DE L'INSTANCE LIMITEE AUX QUESTIONS DE COMPETENCE DE LA COUR

Conformément au Règlement de la Cour, « toute exception à la compétence de la Cour ou à la recevabilité de la requête ou toute autre exception sur laquelle le défendeur demande une décision avant que la procédure sur le fond se poursuive doit être présentée par écrit dès que possible, et au plus tard trois mois après le dépôt du mémoire...[30] »

Le Rwanda a proposé qu'avant toute procédure sur le fond la Cour statue sur les questions de compétence et de recevabilité en l'espèce. A cet effet, La Cour a décidé que la procédure porte d'abord sur la compétence et la recevabilité et, en conséquence, elle a fixé des délais pour le dépôt d'un mémoire par le Rwanda et d'un contre-mémoire par la République Démocratique du Congo.

La Cour a rappelé sa jurisprudence bien établie selon laquelle « one of the fundamental principles of its Statute is that it cannot decide a dispute between States without the consent of those States to its jurisdiction (Case concerning East Timor)[31] ».

En conséquence, « the Court can therefore exercise jurisdiction only between States parties to a dispute who not only have access to the Court but also have accepted the jurisdiction of the Court, either in general form or for the individual dispute concerned[32] ».

Le Rwanda a demandé à la Cour que la République Démocratique du Congo établisse « that both the Congo and Rwanda have accepted the jurisdiction of the Court, either in general form or for the purpose of the

---

[30] L'article 79, paragraphe 1, du Règlement de la Cour internationale de justice de 1978 tel que modifié le 5 décembre 2000.
[31] Case concerning armed activities on the territory of the Congo (new application 2002) (Democratic Republic of the Congo v. Rwanda), memorial of Rwanda, I.C.J., January 2003, p.8.
[32] Ibidem.

individual dispute or type of dispute which the Congo wishes to bring before the Court[33] ».

Il a présenté les exceptions préliminaires priant à la Cour de dire et juger qu'elle « n'est pas compétente pour connaître des demandes présentées par la République démocratique du Congo[34] ».

Par ailleurs, les arguments de la République Démocratique du Congo justifiant la compétence de la Cour se fondaient sur différents instruments. Ainsi, dans son contre-mémoire, la République Démocratique du Congo a demandé de juger « que les exceptions d'incompétence soulevées par le Rwanda ne sont pas fondées; ... que la Cour est compétente pour connaître de l'affaire quant au fond et que la requête de la République démocratique du Congo est recevable en la forme[35] ».

## II.2.1. L'examen des arguments des parties et le raisonnement de la Cour

La Cour internationale de justice a noté qu'au stade où se trouvait la procédure elle ne devait pas se pencher sur le fond du différend entre les parties. Par contre, elle a examiné si elle était compétente pour connaître de l'affaire et si la demande de la République Démocratique du Congo contre le Rwanda était recevable.

En examinant les bases de compétence invoquées par la République Démocratique du Congo et les conclusions de la Cour, elles peuvent être résumées en quelques points.

---

[33] Case concerning armed activities on the territory of the Congo (new application 2002), memorial of Rwanda, I.C.J., January 2003, p.9.
[34] Affaire des activités armées sur le territoire du Congo (nouvelle requête : 2002) (République Démocratique du Congo c. Rwanda), arrêt du 3 février 2006, C.I.J., Recueil 2006, § 12.
[35] Ibidem.

Premièrement, il s'est agi de la question de la réserve en droit international et des règles de jus cogens et des obligations erga omnes.

Deuxièmement, il a été question du respect de la procédure du règlement des différends entre parties au traité.

Troisièmement, c'est le principe de la relativité des traités entre parties qui a été invoqué.

Enfin, nous reviendrons sur la théorie du forum prorogatum comme une acceptation tacite par l'Etat défendeur de la compétence de la Cour.

## II.2.1.1. La réserve en droit international et les règles de jus cogens et les obligations erga omnes

Les arguments de la réserve, des règles de jus cogens et des obligations erga omnes ont été invoqués en tout ou en partie relativement aux bases de compétence fondées sur la convention pour la prévention et la répression du crime de génocide, la Convention de Vienne sur le droit des traités et la convention sur la discrimination raciale.

## 1° La convention sur le génocide

La République Démocratique du Congo accusait le Rwanda d'avoir commis des actes de génocide conformément à la convention pour la prévention et la répression du crime de génocide.

A l'effet de fonder la compétence de la Cour, la République Démocratique du Congo invoquait l'article IX de ladite convention[36].

---

[36] Aux termes de cet article « les différends entre les parties contractantes relatifs à l'interprétation, l'application ou l'exécution de la présente convention, y compris ceux relatifs à la responsabilité d'un Etat en matière de génocide ou de l'un quelconque des autres actes énumérés à l'article III, seront soumis à la Cour internationale de Justice, à la requête d'une partie au différend ».

La République Démocratique du Congo soutenait « que la réserve formulée par le Rwanda est incompatible avec l'objet et le but de la convention car elle a pour effet d'exclure le Rwanda de tout mécanisme de contrôle et de poursuite pour faits de génocide, alors que l'objet et le but de la convention consistent précisément dans l'éradication de l'impunité de cette grave atteinte au droit international[37]».

Dans son contre-mémoire, la République Démocratique du Congo contestait la validité de cette réserve[38] et à l'audience, elle soutenait que le Rwanda avait retiré cette réserve[39]; allégation contestée par le Rwanda[40].

---

[37] Le paragraphe 57 de l'arrêt dans l'affaire des activités armées sur le territoire du Congo, nouvelle requête : 2002.

[38] La République Démocratique du Congo soutient que la convention sur le génocide contient des normes ressortissant au *jus cogens* pour lesquelles la réserve est nulle et de nul effet car elle vise à empêcher la Cour de protéger les normes impératives.

[39] La République Démocratique du Congo a soutenu notamment que le Rwanda avait retiré sa réserve à l'article IX de la convention sur le génocide. Selon la République Démocratique du Congo, le Rwanda s'était en effet engagé, aux termes de l'article 15 du protocole d'accord sur les questions diverses et dispositions finales, signé à Arusha le 3 août 1993, entre le Gouvernement rwandais et le Front patriotique rwandais, à lever toutes les réserves qu'il avait formulées en devenant partie aux instruments conventionnels «en rapport avec les droits de l'homme» (Paragraphe 30 de l'arrêt dans l'affaire des activités armées sur le territoire du Congo, nouvelle requête : 2002).

La République Démocratique du Congo soutient que la ministre de la justice du Rwanda, le 17 mars 2005, lors de la soixante et unième session de la Commission des droits de l'homme des Nations Unies, avait alors déclaré que les quelques instruments relatifs aux droits de l'homme non encore ratifiés à cette date par le Rwanda, ainsi que les réserves non encore levées, le seraient prochainement (Paragraphe 33 de l'arrêt dans l'affaire des activités armées sur le territoire du Congo, nouvelle requête : 2002).

[40] Le Rwanda a soutenu notamment qu'il n'avait jamais pris de mesure tendant à retirer sa réserve à l'article IX de la convention sur le génocide.

Concernant l'accord de paix d'Arusha du 4 août 1993, le Rwanda a indiqué qu'il ne s'agit pas d'un instrument international pouvant créer d'engagement pour le Rwanda à l'égard d'un autre Etat ni de la communauté internationale dans son ensemble et l'article 15 du protocole d'accord sur les questions diverses et dispositions finales ne mentionne pas explicitement la convention sur le génocide et ne précise pas si les réserves visées comprennent aussi bien celles relatives aux dispositions de procédure, y compris les dispositions concernant la compétence de la Cour, que celles se rapportant aux dispositions de fond (Paragraphe 34 de l'arrêt dans l'affaire des activités armées sur le territoire du Congo, nouvelle requête : 2002). S'agissant de la déclaration de la ministre de la justice faite le 17 mars 2005, le Rwanda a soutenu que celle-ci n'avait fait que rappeler, dans son intervention, l'intention de son gouvernement de lever, «un jour ou l'autre», des réserves «non spécifiées» à des conventions «non spécifiées» en matière de droits de l'homme (Paragraphe 37 de l'arrêt dans l'affaire des activités armées sur le territoire du Congo, nouvelle requête : 2002).

S'agissant de la validité de la réserve à la convention sur le génocide, le Rwanda a fait valoir qu'il n'y a pas de doute que les normes de la convention sur le génocide aient le statut de *jus cogens* et créent des droits et obligations *erga omnes,* mais que cela « is entirely separate from the question whether the convention confers jurisdiction on the Court in a dispute between two or more States[41] ».

Dans son mémoire, le Rwanda a fait valoir que la compétence de la Cour en vertu de la convention sur le génocide était exclue par ce qu'il a formulé la réserve à l'article IX dans son intégralité. « On becoming party to the Convention, however, Rwanda entered the following reservation - The Rwandese Republic does not consider itself as bound by article IX of the Convention[42] ».

Le Rwanda a en outre rappelé la jurisprudence de la Cour dans laquelle elle a considéré que la réserve à ladite convention n'était pas exclue. « In the *Cases concerning Legality of Use of Force,* the Court itself considered reservations by Spain and the United States of America which were substantially identical to that of Rwanda[43] ».

Il convient de rappeler que la même objection avait était soulevée devant la même Cour par les Etats-Unis d'Amérique dans l'affaire relative à la Licéité de l'emploi de la force qui les opposait à la Yougoslavie.

En effet, les Etats-Unis soutiennent que la réserve qu'ils ont faite à l'article IX de la convention sur le génocide est claire et sans ambiguïté et, qu'en conséquence, cet article ne peut pas fonder la compétence de la Cour en l'espèce étant donné la convention sur le génocide admet, d'une manière générale, les réserves.

---

[41] Case concerning armed activities on the territory of the Congo ( new application 2002), memorial of Rwanda, I.C.J., January 2003, p.14.
[42] *Id.,* p.13.
[43] Case concerning armed activities on the territory of the Congo ( new application 2002), memorial of Rwanda, I.C.J., January 2003, p.15.

En plus, ils soutiennent que la réserve qu'ils ont faite à l'article IX n'est pas contraire a l'objet et au but de la convention surtout que la Yougoslavie n'a pas présenté d'affirmation vraisemblable de violation par les Etats-Unis de la convention sur le génocide car elle n'a pas démontré l'existence de l'intention spécifique requise par la convention de (détruire, en tout ou en partie, un groupe national. ethnique, racial ou religieux, comme tel), intention qui ne peut se déduire par inférence de la conduite d'opérations militaires de type classique contre un autre Etat.

La Cour ayant considéré « que la convention sur le génocide n'interdit pas les réserves.... et que cette réserve a eu pour effet d'exclure cet article des dispositions de la convention en vigueur entre les Parties[44] » a conclu que cette disposition ne constitue manifestement pas une base de compétence dans cette affaire.

L'Espagne avait également avancé le même argument en alléguant que cette disposition « n'est pas applicable aux relations mutuelles entre l'Espagne et la Yougoslavie[45] » car l'instrument d'adhésion de l'Espagne à la convention comporte une réserve touchant la totalité de l'article IX de la convention sur le génocide.

Enfin, il a considéré que, s'agissant de l'article 120 du Statut de la Cour pénale internationale[46] auquel il n'est pas partie, le Rwanda affirmait que « the fact that the States which drew up the Statute chose to prohibit all reservations to that treaty in no way affects the right of States to make

---

[44] Licéité de l'emploi de la force (Yougoslavie c. Etats-Unis d'Amérique), mesures conservatoires, ordonnance du 2 juin 1999, C. I. J., Recueil 1999, paragraphe 24.
[45] Licéité de l'emploi de la force (Yougoslavie c. Espagne), mesures conservatoires, ordonnance du 2 juin 1999, C. I. J., Recueil 1999, paragraphe 30.
[46] L'article 120 du Statut de la Cour pénale internationale prévoit que «le présent Statut n'admet aucune réserve».

reservations to other treaties which, like the Genocide Convention, (10 not contain such a prohibition[47]».

C'est essentiellement les normes de *jus cogens* et le caractère *erga omnes* des obligations contenues dans la convention sur le génocide et la possibilité d'émettre des réserves à l'égard de cette convention qui sont en jeu dans cette affaire.

La réserve en droit international est entendue comme « une déclaration unilatérale faite par un Etat en vue de modifier pour lui-même les effets juridiques de certaines dispositions d'un traité à l'égard duquel il s'apprête à s'engager définitivement...[48]». Bien qu'elle présente des inconvénients, elle a certains avantages notamment à l'égard de son émetteur car elle « lui permettra en quelque sorte de retailler à sa mesure certaines obligations générales énoncées par le texte[49]».

La Cour a noté que tant la République Démocratique du Congo que le Rwanda sont parties[50] à la convention pour la prévention et la répression du crime de génocide. Toutefois, l'instrument d'adhésion du Rwanda à la convention, déposé auprès du Secrétaire général des Nations Unies, comporte une réserve[51].

Relativement à la réserve, la Convention de Vienne sur le droit des traités renseigne qu'un « Etat, au moment de signer, de ratifier, d'accepter, d'approuver un traité ou d'y adhérer, peut formuler une réserve, à moins:

---

[47] Case concerning armed activities on the territory of the Congo (new application 2002), memorial of Rwanda, I.C.J., January 2003, p. 16.
[48] Pierre-Marie Dupuy, Droit international public, 3è éd., Dalloz, Paris, 1995, p.211.
[49] *Ibidem.*
[50] Adhésions respectives du 31 mai 1962 et du 16 avril 1975.
[51] *«La République rwandaise ne se considère pas comme liée par l'article IX de ladite convention».* Ledit article stipule que « *les différends entre Parties contractantes relatifs à l'interprétation, à l'application ou l'exécution de la présente convention, y compris ceux relatifs à la responsabilité d'un Etat en matière de génocide ou de l'un quelconque des autres actes énumérés à l'article III seront soumis à la Cour internationale de justice, à la requête d'une partie au différend »*

a) que la réserve ne soit interdite par le traité;

b) que le traité ne dispose que seules des réserves déterminées, parmi lesquelles ne figure pas la réserve en question, peuvent être faites; ou

c) que, dans les cas autres que ceux visés aux alinéas a) et b), la réserve ne soit incompatible avec l'objet et le but du traité[52]».

La Cour a en outre noté que le contenu de la déclaration de la ministre de la justice du Rwanda « n'est pas suffisamment précis relativement à la question particulière du retrait des réserves. Par la généralité de ses termes, cette déclaration ne saurait en conséquence être considérée comme la confirmation par le Rwanda d'un retrait déjà décidé de sa réserve à l'article IX de la convention sur le génocide... elle peut tout au plus être analysée comme une déclaration d'intention, de portée tout à fait générale[53]».

Depuis l'avis consultatif de la Cour Internationale de Justice relatif aux réserves à la convention sur la prévention et la répression du crime de génocide, la Cour internationale de justice a fait « apparaître un nouveau critère d'admissibilité des réserves, matériel et non procédural : celui de la compatibilité des réserves avec l'objet et le but du traité[54]».

Il faut mentionner que la Commission du droit international admet que tout Etat est en droit d'invoquer la responsabilité d'un autre Etat si « l'obligation violée est due à la communauté internationale dans son ensemble[55]». Cette position a été récemment confirmée par la Cour internationale de justice dans son avis consultatif sur la construction du mur en Palestine par l'Israël. La Cour, examinant les conséquences juridiques des faits

---

[52] Article 19 de la Convention de Vienne sur le droit des traités, 23 mai 1969.
[53] Le paragraphe 52 de l'arrêt dans l'affaire des activités armées sur le territoire du Congo, nouvelle requête : 2002.
[54] Pierre-Marie Dupuy, *op. cit.*, p.212.
[55] L'article 48 du projet d'articles de 2001 de la Commission du droit international.

internationalement illicites résultant de la construction du mur par Israël en ce qui concerne les Etats autres que ce dernier, a observé qu'à «cet égard qu'au rang des obligations internationales violées par Israël figurent des obligations *erga omnes*[56]».

En conséquence, « tous les Etats parties à la convention de Genève relative à la protection des personnes civiles en temps de guerre, du 12 août 1949, ont l'obligation, dans le respect de la Charte des Nations Unies et a du droit international, de faire respecter par Israël le droit international humanitaire incorporé dans cette convention[57]». Selon M. Gomez-Robledo, même si la question est et demeure controversée «on ne peut que souscrire à l'argumentation relative à l'opposabilité erga omnes des obligations qui découlent des normes fondamentales du droit humanitaire, lesquelles mériteraient d'être élevées au rang du jus cogens[58]».

La Cour a, dans cette affaire, réaffirmé que « les droits et obligations consacrés par la convention sont des droits et obligations *erga omnes*[59]» mais ce caractère est différent de la règle du consentement à la juridiction.

Bref, l'argument de la République Démocratique du Congo selon lequel la réserve du Rwanda ne serait pas valide car elle aurait pour conséquence d'éviter que la Cour protège des normes impératives et des droits et des obligations de nature erga omnes consacrés par la convention sur le génocide ne peut pas fonder la compétence de la cour. Cela est d'autant vrai que le fait qu'une norme possédant une telle nature ou un tel caractère soit en cause dans un différend international ne peut en lui-même fonder la

---

[56] Conséquences juridiques de l'édification d'un mur dans le territoire palestinien occupé, avis consultatif du 9 juillet 2004, C.I.J., Recueil 2004, paragraphe 155.
[57] Idem, paragraphe 159.
[58] Juan Manuel Gomez-Robledo, « l'avis de la CIJ sur les conséquences juridiques de l'édification d'un mur dans le territoire palestinien occupé : timidité ou prudence ? », *Revue générale de droit international public*, A. Pedone, Paris, Tome 109/2005/3, p. 534.
[59] Le paragraphe 64 de l'arrêt dans l'affaire des activités armées sur le territoire du Congo, nouvelle requête : 2002.

compétence de la Cour. Il convient de rappeler que la compétence de la Cour est toujours fondée sur le consentement des parties.

La Cour a relevé en plus qu'elle a déjà conclu que les réserves ne sont pas interdites par la convention sur le génocide qu'étant donné que la réserve du Rwanda à l'article IX de la convention sur le génocide porte sur la compétence de la Cour, cette disposition ne saurait constituer une base de compétence de la Cour dans la présente espèce.

### 2° La convention sur la discrimination raciale

La République Démocratique du Congo croyait fonder la compétence de la Cour sur l'article 22 de la convention sur la discrimination raciale[60].

La République Démocratique du Congo a allégué que le Rwanda a commis de nombreux actes de discrimination raciale au sens de cette convention et la réserve formulée par lui est inacceptable car contraire à son objet et à ses objectifs. Elle « a également fait valoir que l'interdiction de la discrimination raciale est une norme impérative et que, dans l'esprit de l'article 53 de la convention de Vienne de 1969 sur le droit des traités, la réserve du Rwanda à l'article 22 de la convention sur la discrimination raciale devait être considérée comme contraire au jus cogens et de nul effet[61] ».

Le Rwanda affirmait que les deux Etats sont parties à cette convention. Néanmoins, il soutient que « Rwanda, however, entered the following reservation on accession «The Rwandese Republic does not consider itself

---

[60] L'article 22 dispose que «tout différend entre deux ou plusieurs Etats parties touchant l'interprétation ou l'application de la présente convention, qui n'aura pas été réglé par voie de négociation ou au moyen des procédures expressément prévues par ladite convention, sera porté, à la requête de toute partie au différend, devant la Cour internationale de Justice pour qu'elle statue à son sujet, à moins que les parties au différend ne conviennent d'un autre mode de règlement».
[61] Le paragraphe 73 de l'arrêt dans l'affaire des activités armées sur le territoire du Congo, nouvelle requête : 2002.

as bound by article 22 of the Convention». If this reservation is valid, then the Convention cannot afford a basis for the jurisdiction of the Court in the present case, for the reservation excludes Article 22 in its entirety[62]». Selon, lui, donc, cette convention ne peut pas constituer une base de compétence de la Cour dans la présente affaire.

Le Rwanda contestait ainsi cette base en soutenant que la compétence de la Cour en vertu de la convention sur la discrimination raciale est exclue par la réserve qu'il a formulée à l'article 22 dans son intégralité.

La Cour a noté que la RDC et le Rwanda sont parties à la convention sur la discrimination raciale[63] mais que l'instrument d'adhésion du Rwanda à la convention comporte toutefois une réserve[64] et a considéré que cette réserve ne peut pas être considérée comme incompatible avec l'objet et le but de cette convention.

Cependant, la Cour a noté, s'agissant de l'argument de la réserve et de l'argument du jus cogens soulevé par la RD Congo, une applicabilité mutatis mutandis à ces questions du raisonnement et des conclusions de la Cour relatifs à la convention sur le génocide.

De ce fait, la Cour a conclu que l'article 22 de la convention sur la discrimination raciale ne saurait constituer une base de compétence de la Cour dans la présente affaire.

### 3° La Convention de Vienne sur le droit des traités

La République Démocratique du Congo invoquait, pour fonder la compétence de la Cour en l'espèce, l'article 66 de la convention de Vienne

---

[62] Case concerning armed activities on the territory of the Congo (new application 2002), memorial of Rwanda, I.C.J., January 2003, p.11.
[63] Respectivement le 21 avril 1976 et le 16 avril 1975.
[64] La réserve est ainsi libellée «la République rwandaise ne se considère pas comme liée par l'article 22 de ladite convention».

sur le droit des traités[65] et soutient que les réserves formulées dans un traité « doivent éviter soit d'être en contradiction directe avec une norme du *jus cogens*, soit d'empêcher la mise en œuvre de ladite norme[66] ».

Le Rwanda invoquait, par contre, l'article 4 de la convention de Vienne[67] qui prévoit que celle-ci n'est applicable qu'aux traités conclus par des Etats après son entrée en vigueur et la compétence de la Cour repose toujours sur le consentement des parties même au cas où la norme dont on invoque la violation relève du *jus cogens*.

La Cour a rappelé la non rétroactivité de l'application de la convention de Vienne sur le droit des traités, entrée en vigueur entre la République Démocratique du Congo et le Rwanda le 3 février 1980 et note que les conventions invoquées[68] par la République Démocratique du Congo sont entrées en vigueur pour les parties avant la convention de Vienne sur le droit des traités. Elle a enfin rappelé que « le seul fait que des droits et obligations *erga omnes* ou des règles impératives du droit international général *(jus cogens)* seraient en cause dans un différend ne saurait constituer en soi une exception au principe selon lequel sa compétence repose toujours sur le consentement des parties[69] ».

---

[65] Cet article, point a), dispose que « *toute partie à un différend concernant l'application ou l'interprétation des articles 53 ou 64, peut, par une requête, le soumettre à la décision de la Cour internationale de Justice, à moins que les parties ne décident d'un commun accord de soumettre le différend à l'arbitrage* ».
Les articles 53 et 64 sont relatifs aux conflits entre traités et normes impératives du droit international général.
[66] Le paragraphe 121 de l'arrêt dans l'affaire des activités armées sur le territoire du Congo, nouvelle requête : 2002.
[67] Cet article est ainsi libellé « *sans préjudice de l'application de toutes règles énoncées dans la présente convention auxquelles les traités seraient soumis en vertu du droit international indépendamment de ladite convention, celle-ci s'applique uniquement aux traités conclus par des Etats après son entrée en vigueur à l'égard de ces Etats* ».
[68] Il s'agit de la convention pour la prévention et la répression du crime de génocide adoptée le 9 décembre 1948 et la convention sur la discrimination raciale adoptée le 21 décembre 1965.
[69] Le paragraphe 125 de l'arrêt dans l'affaire des activités armées sur le territoire du Congo, nouvelle requête : 2002.

## II.2.1.2. Le respect des étapes de règlement des différends

Le règlement pacifique des différends internationaux est construit « atour du principe du libre choix des moyens de règlement[70]». Les parties ont le libre choix entre les modes soit diplomatiques soit juridictionnels de règlement de leurs différends.

L'argument du respect des étapes de règlement des différends est invoqué par le Rwanda relativement notamment aux bases de compétence fondées sur la convention sur la discrimination à l'égard des femmes, la Constitution de l'organisation mondiale de la santé et la convention pour la répression d'actes illicites dirigés contre la sécurité de l'aviation civile.

## 1° La convention sur la discrimination à l'égard des femmes

La République Démocratique du Congo avait invoqué le paragraphe 1 de l'article 29 de la convention sur la discrimination à l'égard des femmes[71] et soutient que le Rwanda a violé ses obligations consacrées par ladite convention.

Le Rwanda a fait valoir que la compétence de la Cour ne saurait être fondée sur cette disposition par ce que les conditions préalables à la saisine de la Cour, fixées par elle, n'ont pas été remplies. « It is therefore incumbent upon any applicant State wishing to seise the Court under Article 29 to demonstrate that that the conditions laid down in that provision

---

[70] Pierre-Marie Dupuy, op.cit., p.405.
[71] Cet article dispose que «tout différend entre deux ou plusieurs Etats parties concernant l'interprétation ou l'application de la présente convention qui n'est pas réglé par voie de négociation est soumis à l'arbitrage, à la demande de l'un d'entre eux. Si, dans les six mois qui suivent la date de la demande d'arbitrage, les parties ne parviennent pas à se mettre d'accord sur l'organisation de l'arbitrage, l'une quelconque d'entre elles peut soumettre le différend à la Cour internationale de Justice, en déposant une requête conformément au Statut de la Cour».

have been met. None of these conditions has been satisfied in the present case[72]».

La Cour a constaté que la République Démocratique du Congo et le Rwanda sont parties à la convention sur la discrimination à l'égard des femmes[73] et qu'il ressort du libellé de l'article 29 de la convention en question qu'elle énonce des conditions cumulatives.

Après avoir examiné si chacune des conditions préalables à sa saisine ont été respectées en l'espèce, la Cour a cru que la République Démocratique du Congo n'a pas davantage apporté la preuve que toutes les conditions sont réunies au titre de l'article 29 de la convention. En conséquence, cette disposition ne peut servir de fondement à la compétence de la Cour en la présente affaire.

Il est vrai que « la base de la juridiction de la Cour peut également être fournie par tout traité, soit général et portant sur le règlement des différends...[74]»

En fait, dans le cas d'espèce, avant de saisir la Cour internationale de justice, les parties devraient régler leur différend par voie de négociation bilatérale. La négociation « est généralement considérée comme un préalable au recours à tout recours à tout autre mode de règlement[75]». Il est généralement considéré, qu'en vertu de la Charte des Nations Unies, « qu'il existe pour les Etats membres une obligation générale de ne pas se soustraire à la négociation qui leur est offerte par un autre Etat avec lequel

---

[72] Case concerning armed activities on the territory of the Congo (new application 2002), memorial of Rwanda, I.C.J., January 2003, p.17.
[73] Respectivement le 17 octobre 1986 et le 2 mars 1981.
[74] Pierre-Marie Dupuy, *op.cit.*, p.423.
[75] *Id.*, p.406.

ils sont en litige...il y a lieu de penser qu'elle fait également partie du droit international général...[76]».

En cas d'échec de la négociation, le litige est soumis à l'arbitrage international entre les Etats qui « trouve son fondement dans la libre volonté des Etats intéressés[77]».

Le non respect de cette procédure prévue par la convention sur la discrimination à l'égard des femmes ne peut conduire qu'à l'incompétence et l'irrecevabilité de la requête.

### 2° La Constitution de l'organisation mondiale de la santé

La République Démocratique du Congo entendait par ailleurs fonder la compétence de la Cour sur l'article 75 de la Constitution de l'Organisation Mondiale de la Santé[78] en alléguant que le Rwanda a contrevenu aux dispositions des articles 1 et 2 de ladite Constitution, relatifs, respectivement, au but et aux fonctions de l'organisation.

Le Rwanda soutenait notamment que les allégations de la République Démocratique du Congo à l'égard de la Constitution de l'Organisation Mondiale de la Santé ne semblent pas donner lieu à un différend concernant son interprétation ou son application étant donné que la requête relève clairement que la République Démocratique du Congo considère les prétendus actes d'agression du Rwanda comme le fondement de ce différend.

---

[76] Ibid.
[77] Id., p.416.
[78] Cet article est ainsi libellé : «toute question ou différend concernant l'interprétation ou l'application de cette constitution, qui n'aura pas été réglé par voie de négociation ou par l'Assemblée de la Santé, sera déféré par les parties à la Cour internationale de Justice conformément au Statut de ladite Cour, à moins que les parties intéressées ne conviennent d'un autre mode de règlement».

Il a également fait valoir que l'article 75 de ladite convention subordonne la saisine de la Cour, outre à l'existence d'un différend relatif à l'interprétation ou l'application de la Constitution, à deux autres conditions préalables qui n'ont pas été remplies en l'espèce : « there must be a dispute concerning the interpretation or application of the Constitution, settlemtmt of that dispute by negotiation must have proved impossible and settlement of that dispute by the Health Assembly must have proved impossible[79] ».

La Cour a observé que la République Démocratique du Congo et le Rwanda sont parties à la Constitution de l'Organisation Mondiale de la Santé[80] et qu'ils sont ainsi l'un et l'autre membres de cette organisation.

Cependant, «de l'avis de la Cour, la République Démocratique du Congo n'a pas démontré l'existence d'une question sur laquelle le Rwanda aurait des vues différentes des siennes ou d'un différend qui l'opposerait à cet Etat, en ce qui concerne l'interprétation ou l'application de la Constitution de l'Organisation Mondiale de la Santé[81] ».

Et quand bien même elle aurait établi l'existence d'une question ou d'un différend entrant dans les prévisions de ladite convention, la République Démocratique du Congo n'a en tout état de cause pas apporté la preuve que les autres conditions préalables à la saisine de la Cour, fixées par l'article 75 de la Constitution de l'Organisation Mondiale de la Santé, avaient été remplies.

Les arguments concernant le règlement par voie de négociation s'agissant de la convention sur la discrimination à l'égard des femmes sont également valables par rapport à la base de compétence fondée sur la Constitution de l'organisation mondiale de la santé.

---

[79] Case concerning armed activities on the territory of the Congo (new application 2002), memorial of Rwanda, I.C.J., January 2003, pp.20-21.
[80] Respectivement depuis le 24 février 1961 et le 7 novembre 1962.
[81] Le paragraphe 99 de l'arrêt dans l'affaire des activités armées sur le territoire du Congo, nouvelle requête : 2002.

En conséquence, la Cour a conclu que l'article 75 de la Constitution de l'OMS ne peut pas servir de base de compétence de la requête de la République Démocratique du Congo.

## 3° La convention de Montréal

La République Démocratique du Congo invoquait en outre pour fonder la compétence de la Cour le paragraphe 1 de l'article 14 de la convention de Montréal pour la répression d'actes illicites dirigés contre la sécurité de l'aviation civile[82] et allègue que le Rwanda a abattu un Boeing 727 de la compagnie Congo Airlines.

Le Rwanda soulignait que cet incident a été examiné par le Conseil de l'Organisation de l'aviation civile internationale (OACI) sur base d'une plainte portée devant lui par la République Démocratique du Congo. Selon le Rwanda, la République Démocratique du Congo a soutenu que l'avion avait été abattu par des forces rebelles congolaises et qu'ensuite elle a formulé des allégations identiques contre l'Ouganda. Il soutient en outre que, même si le différend existait à ce sujet, le paragraphe 1 de l'article 14 de la convention de Montréal énonce toute une série de conditions qui doivent toutes être réunies et que la République Démocratique du Congo ne démontre pas qu'elle en a satisfaites. Parlant de ces conditions, il assure que « they are essential preconditions to the creation of jurisdiction for the Court. The Congo's failure to satisfy them means that Article 14(1) - which could, in any event, have conferred jurisdiction only in respect of a

---

[82] Cette disposition prévoit que «tout différend entre des Etats contractants concernant l'interprétation ou l'application de la présente convention qui ne peut pas être réglé par voie de négociation est soumis à l'arbitrage, à la demande de l'un d'entre eux. Si dans les six mois qui suivent la date de la demande d'arbitrage, les Parties ne parviennent pas à se mettre d'accord sur l'organisation de l'arbitrage, l'une quelconque d'entre elles peut soumettre le différend à la Cour internationale de Justice, en déposant une requête conformément au Statut de la Cour.».

very small part of the Application - does not provide a basis for the jurisdiction of the Court over any part of the Application[83]».

Dans son contre-mémoire, la République Démocratique du Congo a allégué que « le Rwanda a systématiquement rendu infructueux ...tous les échanges de vue et négociations que le Gouvernement de la République démocratique du Congo avait tenté d'organiser[84]».

La Cour a constaté que la République Démocratique du Congo et le Rwanda sont parties à la convention dite de Montréal[85] et qu'ils sont tous deux membres de l'Organisation de l'aviation civile internationale et qu'au moment de la destruction invoquée de l'appareil de la compagnie Congo Airlines au-dessus de Kindu, le 10 octobre 1998, cette convention était déjà en vigueur entre eux.

La Cour a considéré qu'elle est compétente « à condition que ce différend n'ait pas pu être réglé par voie de négociation, qu'en cas d'échec de cette négociation, il ait été soumis à l'arbitrage à la demande de l'un de ces Etats et que, au cas où les parties ne seraient pas parvenues à se mettre d'accord sur l'organisation de cet arbitrage, un délai de six mois se soit écoulé à compter de la date de la demande d'arbitrage[86]»; conditions auxquelles la République Démocratique du Congo n'a pas satisfait.

En fait, la République Démocratique du Congo n'a pas davantage démontré qu'elle aurait proposé au Rwanda l'organisation d'un arbitrage et que ce dernier n'a pas donné suite à cette proposition.

---

[83] Case concerning armed activities on the territory of the Congo (new application 2002), memorial of Rwanda, I.C.J., January 2003, p.33.
[84] Affaire des activités armées sur le territoire de la République démocratique du Congo (nouvelle requête 2002), (République démocratique du Congo contre Rwanda), contre-mémoire de la République démocratique du Congo, mai 2003, C.I.J., paragraphe 61, p. 20.
[85] Respectivement depuis le 6 juillet 1977 et le 3 novembre 1987.
[86] Le paragraphe 117 de l'arrêt dans l'affaire des activités armées sur le territoire du Congo, nouvelle requête : 2002.

Les arguments concernant le règlement par voie de négociation et la soumission à l'arbitrage sur base de la clause compromissoire s'agissant de la convention sur la discrimination à l'égard des femmes sont également valables par rapport à la base de compétence fondée sur la convention de Montréal pour la répression d'actes illicites dirigés contre la sécurité de l'aviation civile.

### II.2.1.3. La convention contre la torture : « pacta sunt servanda »

Le principe pacta sunt servanda signifie qu'en droit international les sujets doivent respecter les obligations contenues dans les conventions auxquelles elles sont parties. C'est ce qu'exprime Pierre-Marie Dupuy à l'égard des organisations internationales comme sujets de droit international en disant que cette règle « leur impose de respecter les obligations qu'elles ont souscrites par voie d'accord international avec d'autres sujets de droit international...ou bien encore qu'elles pourront se voir déclarer responsables de tout acte illicite qui leur serait imputable[87] ». Il est admis que « le traité est l'expression de volontés concordantes, émanant de sujets de droit dotés de la capacité requise, en vue de produire des effets juridiques régis par le droit international[88] ».

Ce principe est énoncé par de la Convention de Vienne sur le droit des traités que « tout traité en vigueur lie les parties et doit être exécuté par elles de bonne foi[89] ».

Cela ressort même de la jurisprudence de la Cour internationale de justice qui a jugé qu'il «est bien établi qu'un Etat ne peut, dans ses rapports conventionnels, être lié sans son consentement et qu'en conséquence aucune réserve ne lui est opposable tant qu'il n'a pas donné son

---

[87] Pierre-Marie Dupuy, op.cit., p.109.
[88] Idem, p.199.
[89] [89]Article 26 de la Convention de Vienne sur le droit des traités, 23 mai 1969.

assentiment[90]». En conséquence, un Etat ne peut pas être lié en droit international sans son consentement.

En effet, il est reconnu « qu'un système de règles juridiques comporte comme réaction à la méconnaissance des obligations qu'il contient une possibilité de mise en cause de la responsabilité de l'auteur du fait illicite[91]».

Relativement à cette base de compétence, le Rwanda soutenait que « Rwanda is not, however, a party to this Convention. Accordingly, the Torture Convention manifestly cannot provide a basis for the jurisdiction of the Court[92]».

La République Démocratique du Congo n'a opposé aucun argument à cette affirmation du Rwanda, dans son contre-mémoire sur la compétence et la recevabilité ou à l'audience.

La Cour, après avoir rappelé que le Rwanda a soutenu qu'il n'est pas partie à cette convention et que, dès lors, elle ne peut manifestement pas constituer une base de compétence de la Cour en présente affaire, a conclu que « la RDC n'est pas fondée à invoquer la convention contre la torture comme base de compétence dans la présente affaire[93]».

La décision réaffirme que « le traité international étant fondamentalement un contrat[94]», il obéit à certaines conditions, dont le consentement librement exprimé, pour pouvoir produire la plénitude de ses effets

---

[90] Réserves à la convention pour la prévention et la répression du crime de génocide, avis consultatif du 28 mai 1951, C.I.J., Recueil 1951, p.21.
[91] Gilles Cottereau, Système juridique et notion de responsabilité, in Colloque du Mans : La responsabilité dans le système international, A. Pedone, Paris, 1991, p. 3.
[92] Case concerning armed activities on the territory of the Congo (new application 2002), memorial of Rwanda, I.C.J., January 2003, p.10.
[93] Le paragraphe 16 de l'arrêt dans l'affaire des activités armées sur le territoire du Congo, nouvelle requête : 2002.
[94] Pierre-Marie Dupuy, op. cit., p.215.

juridiques. C'est ce qu'exprime le principe de « pacta sunt servanda » qui est le fondement du caractère obligatoire des traités.

L'idée de responsabilité implique « qu'il faut répondre de quelque chose à l'égard de quelqu'un, à l'égard de celui qui pourra l'invoquer[95]».

### II.2.1.4. Le forum prorogatum

Il y a forum prorogatum lorsqu'un Etat défendeur admet ou reconnaît, expressément ou tacitement, après la saisine résultant d'une demande présentée par l'État demandeur et en l'absence de conclusion du compromis avec celui-ci, la compétence d'une juridiction internationale. Suivant ce principe, on considère qu'il y a acceptation ou reconnaissance de la compétence lorsque l'État participe activement à l'instance, par exemple en se présentant à l'audience, en participant à la discussion, en présentant une plaidoirie sur le fond ou en déposant ses propres conclusions ou encore en ne s'opposant pas à une future décision au fond.

La République Démocratique du Congo a fait valoir que le fait que le Rwanda a « déféré à tous les actes de procédure prescrits ou demandés par la Cour, qu'il a assumé pleinement et dignement les différentes instances de la présente cause, sans se faire représenter, ni se faire porter absent et qu'il n'y a eu de sa part ni refus de comparaître, ni refus de conclure[96]», le Rwanda a accepté la compétence de la Cour[97].

Le Rwanda indiquait quant à lui que la prétention de la République Démocratique du Congo n'est pas fondée car il n'existe pas en l'espèce une acceptation volontaire et indiscutable de la compétence de la Cour. Le

---

[95] Brigitte Stern, Conclusions générales du 2 juin 1990, La responsabilité dans le système international, Ed. Pedone, Paris, 1991, p.329.
[96] Le paragraphe 19 de l'arrêt dans l'affaire des activités armées sur le territoire du Congo, nouvelle requête : 2002.
[97] Il convient de rappeler que le Rwanda n'a pas déclaré reconnaître comme obligatoire la compétence de la Cour internationale de justice.

Rwanda a, au contraire, systématiquement soutenu qu'il ne se présentait devant la Cour que pour contester sa compétence.

La Cour a relevé que le Rwanda a objecté à la compétence de la Cour à tous les stades de la procédure et de manière explicite et répétée et que son attitude ne peut donc être interprétée comme une acceptation non équivoque de la compétence de la Cour.

Par ailleurs, la République Démocratique du Congo invoquait l'une des conclusions auxquelles la Cour est parvenue dans son ordonnance du 10 juillet 2002 relative à la demande en indication des mesures conservatoires selon laquelle « en l'absence d'incompétence manifeste la Cour ne saurait accéder à la demande du Rwanda tendant à ce que l'affaire soit rayée du rôle». Cette conclusion est interprétée par la République Démocratique du Congo comme une reconnaissance par la Cour de sa compétence.

De son côté, le Rwanda a affirmé que la Cour a, dans la même ordonnance, clairement indiqué que les conclusions auxquelles elle était parvenue à ce stade de la procédure ne préjugeaient en rien sa compétence pour connaître du fond de l'affaire.

La Cour a rappelé d'abord que, vu l'urgence de la demande en indication de mesures conservatoires, elle ne prend normalement pas, à ce stade de procédure, de décision finale sur sa compétence.

La Cour a considéré que le fait que la Cour n'ait pas conclu à un défaut manifeste de compétence ne saurait donc équivaloir à une reconnaissance de sa compétence et qu'en n'accédant pas à la demande du Rwanda de rayer l'affaire du rôle, la Cour s'est tout simplement réservé le droit d'examiner plus avant, ultérieurement, et de façon complète la question de sa compétence.

## LA CONCLUSION: INCOMPETENCE DE LA COUR

Il est connu que la Cour a la compétence de sa compétence c'est-à-dire « qu'il lui appartient de trancher les contestations relatives à la portée de l'accord sur la base duquel elle est saisie[98] ». Etant juge de sa compétence, pendant la procédure, les parties peuvent la contester par voie d'exceptions préliminaires auxquelles la Cour doit statuer avant de se prononcer sur le fond de l'affaire. Ces exceptions concernent généralement la compétence ratione personae qui s'intéresse à la qualité d'agir devant la Cour et la compétence ratione materiae qui touche à « l'inexistence d'un différend juridique actuel et de caractère international[99] ».

La Cour a conclu de l'ensemble des motifs qu'elle ne peut retenir aucune des bases de compétence invoquées par la République Démocratique du Congo pour connaître de la requête déposée par elle.

N'ayant pas compétence pour connaître de la requête, la Cour n'a pas eu à statuer sur sa recevabilité et ne peut a fortiori donc prendre position sur le fond des demandes formulées par la République Démocratique du Congo.

Il faut ici noter que les exceptions d'incompétence sont différentes de celles relatives à l'irrecevabilité de la requête. Ces dernières « peuvent être examinées par la Cour lors de l'examen au fond de l'affaire[100] ».

La décision de la Cour confirme encore le caractère consensuel de la compétence de la Cour internationale de justice même si les règles de jus cogens et les obligations erga omnes sont en jeu.

---

[98] Pierre-Marie Dupuy, op. cit., p. 423.
[99] Id., p.429.
[100] Ibid.

## La bibliographie

## I. La doctrine

- **Brigitte Stern**, Conclusions générales du 2 juin 1990, La responsabilité dans le système international, Ed. Pedone, Paris, 1991.
- **Dominique Carreau**, Droit international, 2è éd., Ed. A. Pedone, Paris, 1988.
- **Gilles Cottereau**, Système juridique et notion de responsabilité, Colloque du Mans : La responsabilité dans le système international, A. Pedone, Paris, 1991.
- **Emmanuël Murhula A. Nashi**, Médias et diplomatie : la guerre du Congo dans le journal, La Revue Nouvelle, n° 9, tome 117, sept. 2003, pp. 96-109.
- **Jean Combacau et Serge Sur**, Droit international public, 4è éd., Montchrestien, Paris, 1999.
- **Juan Manuel Gomez-Robledo**, « l'avis de la CIJ sur les conséquences juridiques de l'édification d'un mur dans le territoire palestinien occupé : timidité ou prudence ? », Revue générale de droit international public, A. Pedone, Paris, Tome 109/2005/3.
- **Patrick Dailler et Alain Pellet**, Droit international public, 7è éd., L.G.D.J., Paris, 2002.
- **Paul Reuter**, Droit international public, 1ère éd., PUF, Paris, 1958.
- **Pierre-Marie Dupuy**, Droit international public, 3è éd., Dalloz, Paris, 1995.

## II. Les instruments internationaux

- La Charte des Nations Unies, signée à San Francisco le 26 juin 1945.
- Le Statut de la Cour internationale de Justice.
- La Constitution de l'organisation mondiale de la santé, du 22 juillet 1946.
- La convention (I) de Genève pour l'amélioration du sort des blesses et des malades dans les forces armées en campagne, 12 août 1949.
- La convention (II) de Genève pour l'amélioration du sort des blessés, des malades et des naufrages des forces armées sur mer, 12 août 1949.
- La convention (III) de Genève relative au traitement des prisonniers de guerre, 12 août 1949.
- La convention (IV) de Genève relative a la protection des personnes civiles en temps de guerre, 12 août 1949.
- Le protocole additionnel aux conventions de Genève du 12 août 1949 relatif à la protection des victimes des conflits armes internationaux (Protocole I), 8 juin 1977.
- La convention pour la prévention et la répression du crime de génocide adoptée le 9 décembre 1948
- La Charte de l'Organisation de l'Unité Africaine, 25 mai 1963.
- La convention sur la discrimination raciale adoptée le 21 décembre 1965.
- La convention de Vienne sur le droit des traités du 23 mai 1969.
- La convention pour la répression d'actes illicites dirigés contre la sécurité de l'aviation civile, Montréal, 23 septembre 1971.
- Le Règlement de la Cour internationale de justice de 1978 tel que modifié le 5 décembre 2000.

- La convention sur la discrimination à l'égard des femmes, adoptée le 18 décembre 1979 et entrée en vigueur le 3 septembre 1981.
- La convention contre la torture et autres peines ou traitements cruels, inhumains ou dégradants, 10 décembre 1984.
- Résolution 3314 de l'Assemblée Générale des Nations Unies du 14 décembre 1974 portant définition de l'agression.
- Le projet d'articles de 2001 de la Commission du droit international

## III. La jurisprudence

- Cour internationale de justice, Affaire des activités armées sur le territoire du Congo (République démocratique du Congo c. Rwanda), Ordonnance du 30 janvier 2001.
- Cour internationale de justice, Affaire des activités armées sur le territoire du Congo (nouvelle requête : 2002) (République Démocratique du Congo c. Rwanda), arrêt du 3 février 2006.
- Licéité de l'emploi de la force (Yougoslavie c. Espagne), mesures conservatoires, ordonnance du 2 juin 1999, C. I. J. Recueil 1999.
- Licéité de l'emploi de la force (Yougoslavie c. Etats-Unis d'Amérique), mesures conservatoires, ordonnance du 2 juin 1999, C. I. J. Recueil 1999.
- Cour internationale de justice, conséquences juridiques de l'édification d'un mur dans le territoire palestinien occupé, avis consultatif du 9 juillet 2004.
- CIJ, Réserves à la convention pour la prévention et la répression du crime de génocide, avis consultatif du 28 mai 1951, recueil des arrêts, avis consultatifs et ordonnances.

## IV. Les autres sources

- **Chris Talbot**, Rôle offensif du Rwanda dans la guerre au Congo, 23 décembre 2000, www.wsws.org, consulté le 12 février 2008.
- Requête introductive d'instance à la Cour internationale de justice de La Haye contre la République du Rwanda, La Haye, 28 mai 2002.
- CIJ, Case concerning armed activities on the territory of the Congo (new application 2002) (Democratic Republic of the Congo v. Rwanda), memorial of Rwanda, January 2003.
- CIJ, Activités armées sur le territoire de la République démocratique du Congo (nouvelle requête 2002) (République démocratique du Congo contre Rwanda), contre-mémoire de la République démocratique du Congo, mai 2003.

# TABLE DES MATIERES

# yes

Oui, je veux morebooks!

# I want morebooks!

Buy your books fast and straightforward online - at one of the world's fastest growing online book stores! Environmentally sound due to Print-on-Demand technologies.

## Buy your books online at

# www.get-morebooks.com

Achetez vos livres en ligne, vite et bien, sur l'une des librairies en ligne les plus performantes au monde!
En protégeant nos ressources et notre environnement grâce à l'impression à la demande.

## La librairie en ligne pour acheter plus vite

# www.morebooks.fr

OmniScriptum Marketing DEU GmbH
Heinrich-Böcking-Str. 6-8
D - 66121 Saarbrücken
Telefax: +49 681 93 81 567-9

info@omniscriptum.com
www.omniscriptum.com

OMNIScriptum